Hommage
d'un ancien collèg[ue]
Co. Ev

QUESTION PRÉSIDENTIELLE.

AF315888

QUESTION

PRÉSIDENTIELLE

ACQ. 42,54+

HENNEQUIN

PAR

M. Ev. COLOMBEL,

Avocat, Maire de Nantes, Membre du Conseil Général du département
de la Loire-Inférieure.

NEC INJURIA, NEC BENEFICIO COGNITI.

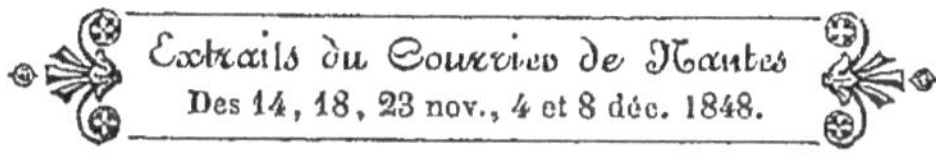

NANTES.

IMPRIMERIE WILLIAM BUSSEUIL

RUE SANTEUIL, N° 8.

Déc. 1848.

QUESTION PRÉSIDENTIELLE.

Les Enseignements.

I.

Les enseignements viennent de tous côtés : la France restera-t-elle sourde et feindra-t-elle de ne pas comprendre ?

L'avenir est gros d'orage , et le parti de l'ordre , si soudainement révélé en juin 1848 , s'abuserait étrangement s'il croyait que la question est résolue , et que la position est conquise. La France, qui revient si vite , peut dormir : — les factions veillent et conspirent. Ce serait niaiserie de croire que les vieux partis ont abdiqué. Leurs principes sont les mêmes , leurs espérances subsistent. Qu'on se le tienne pour dit , et prenons garde d'être réveillés par la tempête , sans avoir vu les nuages précurseurs.

L'élection du président est une circonstance décisive ; c'est la paix ou la guerre : un nouveau Romain les secouerait encore de sa toge. Il s'agit , en un jour, en un choix , de fermer la carrière des révolutions et de l'inconnu , ou de l'ouvrir en se confiant au hasard des insurrections.

Et , d'abord , notons qu'aucun parti ne doit s'abstenir. Ce qu'on a nommé l'absenthéisme serait une abdication. Le péril est trop grand pour s'envelopper dans son manteau : César ne le fit que lors qu'il vit le poignard aux mains de son fils. Grâce à Dieu ! la France n'en est pas là encore ! Il y a acte de bon citoyen à voter et à faire voter. Le suffrage universel, on l'a dit, peut nous sauver ; mais c'est à la condition qu'on l'exercera, et qu'il ne restera pas à l'état de stérile théorie. On comprend cela, mais on ne comprendrait pas l'abstension.

Ainsi posée, — la question est de savoir pour qui l'on votera.

Eh ! sans doute, il serait agréable de voter pour l'homme de son choix, pour l'idéal de ses rêves, pour le candidat qui va le mieux à nos idées, à nos désirs. Quelle bonne chose ! quel heureux destin ! Oui ! mais c'est impossible : autrement, c'est donner le succès aux minorités. Les minorités s'entendent ; elles votent ensemble, comme un homme et pour un homme ; elles ont ce mérite stratégique, cette heureuse tactique. Eh ! certainement, si je pouvais, je voterais pour mon voisin Pierre, vous savez ? un honnête homme, qui est ferme et qui pense bien ; mais je ne le peux : les affections doivent se taire, les prédilections doivent s'effacer. C'est bien le moins qu'on fasse à la cause nationale le sacrifice de ses sympathies : on a immolé de plus grandes choses sur l'autel de la patrie. Le parti qui a eu la prétention de s'appeler le parti de l'ordre, doit renouveler plus que jamais sa façon d'agir, celle dont il a usé dans de moindres élections. Bien lui en a pris : qu'il se le rappelle !

Voilà bien des vérités banales pour arriver au but, — que voici :

Combien comptons-nous de prétendants à la présidence ? Peu heureusement : les rangs s'éclaircissent. Déjà, il est certain que le maréchal Bugeaud et les généraux Bedeau et Changarnier, faisant acte de patriotisme, déclinent l'honneur de cette haute candidature. Que la France les en remercie ; plus tard, elle leur en tiendra compte. Lamartine, tôt ou tard, suivra ce noble exemple : il est de cette race élevée qui comprend les dévouements et qui sait que la vertu n'est qu'un sacrifice. L'homme qui de poète est devenu grand orateur, qui a su reconquérir si vite sa popularité compromise, qui a eu l'honneur insigne d'écarter le drapeau rouge — cette menace d'un jour égaré, — cet homme, disons-nous, ne voudra pas sacrifier l'avenir de son pays à la séduction douteuse d'une satisfaction d'amour-propre. Nous ne comptons pas le fou de Vincennes : on l'y laissera avec son fiel et ses haines.

Restent Ledru-Rollin, Louis Bonaparte et le général Cavaignac.

Mettons vite de côté Ledru-Rollin : c'est une candidature avortée. Elle sera à la France entière ce que *la liste* du *National de l'Ouest*, la fameuse liste, a été aux élections d'avril, dans notre département.

Le *National de l'Ouest* a un rare bonheur dans ses prophéties électorales ; son coup-d'œil est d'une justesse immanquable , comme chacun sait : témoins — les élections générales, départementales et municipales. Mais laissons-là ce devin, et disons un mot de Ledru-Rollin.

Il ne vaut pas, en vérité, tout le mal qu'on en a dit. Le grand défaut de ce prétendant est d'être faible de caractère avec un détestable entourage. C'est ce que Robespierre disait de Danton. Le rapprochement est possible : Ledru-Rollin est un Danton, moins le crime et l'audace. Même nature indolente et fougueuse ; orateur de hasard et surtout de carrefours ; homme de salon et de voluptés recherchées ; ne désirant l'or que pour en faire un bel ou un bon usage ; aimant son pays par boutade ; plus jaloux de son repos que de sa gloire ; — vrai revenant de 93 , moins l'échafaud ; n'ayant lu que l'histoire de la Convention , et enfant jusqu'à désirer une seconde édition qui ne serait qu'une parade ; — du reste, incapable d'administrer : ses choix de février et de mars l'ont bien prouvé, hélas!

Ledru-Rollin est actuellement un drapeau , inconnu des masses , exploité par des intrigants révolutionnaires. Le lendemain de son élection , Ledru-Rollin serait dépassé par Pierre Leroux , qui serait dépassé par Cabet, qui serait dépassé par Proudhon , cet original qui nie Dieu et la société : histoire renouvelée de notre première révolution , qu'on comparait à Saturne dévorant ses enfants. Ledru-Rollin ne tiendrait pas huit jours : les habiles le savent , et voilà pourquoi ils en veulent ; ils cherchent un instrument docile. Du reste , certains l'ont avoué : dans Ledru-Rollin , on choisit l'homme qui détruira la présidence. Ce respect de la constitution est d'un *bon augure* et *fait bien présumer* pour nos autres institutions.

Du reste , quoi qu'on fasse , Ledru-Rollin aura 3 à 400,000 voix : une minorité dont il n'y a pas de quoi se vanter; vu la composition et le mélange.

Le prince Louis ! oh ! c'est bien différent. C'est véritablement entre lui et le général Cavaignac que s'engagera la lutte. Aussi , dans les régions des hommes sensés, on ne reconnaît plus que deux candidatures sérieuses : Louis Bonaparte et Cavaignac.

Expliquons-nous d'abord sur Louis Bonaparte. Nous nous imaginons qu'on ne prend un candidat pour un tel poste , que sur de bonnes recommandations. Nous ne parlons pas à ces gens qui disent : *Oh ! tant mieux ; plus ce sera mauvais, plus vite ce sera fini* Ceux-là sont des traîtres ou des niais. Nous avons la prétention de parler à des gens raisonnables ou soupçonnés tels. Or , en vérité , quels sont les titres de M. Louis ?

Il a son nom : c'est quelque chose , même dans un pays qui a aboli les titres de noblesse , et qui n'a pas l'air de faire grand cas des Montmorency ou des Choiseul. Son nom donc ! mais ce nom ne rappelle-t-il que de glorieux souvenirs ? A-t-on oublié l'insatiable ambition du Corse ? A-t-on oublié le duc d'Enghein , ce sacrifice aux *rouges* de l'époque ? sa répudiation de Joséphine , ce sacrifice aux préjugés aristocratiques ? ses guerres criminelles, la guerre d'Espagne , celle de Russie ? l'immolation des jeunes générations françaises, la douleur de nos mères , l'énervement de la France ? A-t-on oublié que la France a été violée deux fois , et que si la faute en appartient à un homme , cet homme, c'est Napoléon ? Oh ! nous oublions vite dans ce pays ; nous pardonnons aisément. L'autre jour, nous fêtions Abd-el-Kader : c'est bien , c'est notre esprit national. Mais, au moment d'accomplir un acte solennel, songeons au passé , et si le prestige d'un nom nous éblouit , sachons voir dans ce nom tout ce qu'il contient ; sachons qu'après le premier consul , il y a l'empereur, et qu'à côté des gloires de Marengo, il y a les désastres et les humiliations de 1814 et 1815. Voilà pour le nom; voilà, par ce qu'il rappelle — ce qu'il fait craindre. Napoléon, c'est l'esclavage avec la gloire, mais c'est l'esclavage : en voulons-nous?

Resté M. Louis , M. Louis auquel la révolution a rendu une patrie, et qui lui rapporte en récompense les discordes civiles. Qu'est M. Louis ? C'est le héros de Strasbourg et de Boulogne. Demandez à ses camarades d'aventures guerrières ce qu'il vaut ; ils vous le diront. C'est encore le chevalier du tournoi d'Eglington et le constable de la police anglaise. Beaux précédents, glorieuses garanties ! M. Louis n'a pas eu même la dignité du prétendant. Parlez-moi du comte de Chambord ; celui-là ne se compromet pas ; il se respecte , et , en se respectant, il respecte la France. Qu'il en reçoive nos sincères hommages : c'est ainsi que nous concevons les espérances d'un prétendant.

Pourtant , ce n'est rien que le passé de M. Louis Bonaparte : le présent vaut moins encore. Nous ne parlons pas de son silence habile ; on connaît la carricature ; nous parlons de son prôneur. *Dis-moi qui tu hantes , je te dirai qui tu es,* — dit le proverbe. *Dis-moi qui te vante, je te dirai qui tu es,* — dira la variante. Or, chacun sait , et c'est là le grand malheur, que M. E. de Girardin s'est fait le patron de M. Louis. Sous l'autre , le vrai Napoléon , M. E. de Girardin aurait été chassé du palais impérial. L'empereur n'aimait pas les... ma foi ! nous ne dirons pas : les lois de 1819 existent encore. Seulement, c'est une triste recommandation que celle de M. de Girardin ; et , à tout prendre, nous préférerions un autre premier consul escaladant le pouvoir, mais rachetant son 18 brumaire par les glorieux souvenirs d'Italie et d'Egypte.

Ce M. E. de Girardin! habile homme, d'ailleurs, il a trouvé, pour faire accepter son candidat, un merveilleux argument. Il ne pouvait pas dire : C'est un grand capitaine, — c'est un brillant orateur, — c'est un. homme d'Etat, — c'est un ferme et noble caractère. Non, il a dit : C'est l'inconnu! prenez l'inconnu! Hélas! il n'y a que trop d'inconnu ; inutile d'augmenter les chances de ce côté. Plus que jamais la France doit calculer et réfléchir ; plus que jamais elle doit redouter ces coups de tête, ces folies, ces choix téméraires qui peuvent perdre une nation, ou, du moins, ajourner ses destinées. La présidence, c'est la tête de la République : n'allons pas la confier à un étourdi, qui en ferait ce qu'il a fait de son nom — une caricature ; de ses prétentions — un ridicule; de son honneur — un doute; de sa fortune — un néant. Inspirons-nous de sérieuses et graves pensées, et ne nous associons pas aux rencunes d'un homme comme M. E. de Girardin, ni aux vanités du prisonnier de Ham.

Notre dernier mot se devine d'avance : — nous voterons pour le général Cavaignac.

Est-ce à dire que ce choix soit irréprochable? Non ; mais il n'y a pas mieux. Nous avouons aisément certaines hésitations dans la manière d'agir du général. Plus de décision nous conviendrait : il nous va de trouver les vives arrêtes dans les hommes du pouvoir, et aussi les promptes initiatives.

Le général en a manqué par fois ; mais qui donc est parfait?

Il est toujours facile de critiquer ; n'y a-t-il pas un vieux vers qui le dit? Nous convenons, par exemple, que la critique n'a pas été ingénieuse à l'endroit du général. On reproche au soldat d'être jaloux de la dignité de l'armée ; on reproche au fils de croire à la probité du père ; on reproche au chef improvisé du pouvoir exécutif de n'avoir pas soudainement deviné la majorité de l'assemblée, quand une fraction notable de cette assemblée n'a pas eu le courage de son opinion, au sujet même de la présidence. On lui reproche d'avoir songé à Ledru-Rollin et à Ferdinand Flocon, ce qui aurait été une bétise, mais ce qui est une calomnie; oui, une calomnie. Il paraît qu'en certains camps, c'est encore une arme en usage ; ce qui n'empêche pas de prendre la devise : *Potius mori quàm fœdari!* Pitié !

Laissons là ces intrigues d'une réfutation trop facile, de même que nous laissons, dans le mépris qu'elles inspirent, les prétendues démonstrations de la *Presse*, au sujet des trahisons et des forfaits du général ; comme si l'assemblée, depuis quatre mois, eût continué sa confiance à l'instigateur des journées de juin. Le rapport *Bauchard* est si peu concluant que la confiance a duré depuis. Nous ne parlerons pas de la conduite du général , lors des poursuites dirigées contre Louis Blanc et Caussidière. Qui le forçait à se dessiner ? Pourtant, il l'a fait, si bien que, dans les rangs des exaltés , Cavaignac a eu l'honneur, comme nous tous, lecteurs, d'être appelé un réactionnaire. Mais on a oublié cela ; on aime mieux improviser des griefs que de s'adresser aux faits, aux actes.

Mais il est surtout deux arguments. qui nous touchent et nous entraînent.

Il est bien évident que Cavaignac n'est le candidat ni des *blancs* ni *rouges* ; car blancs et rouges il y a. C'est d'un bon signe, et les gens qui aiment véritablement l'ordre doivent y trouver un gage de confiance. S'il y a un parti qui rêve les secousses révolutionnaires , il en est un qui rêve le retour des rois légitimes, et qui le rêve avec le cortége des discordes civiles. Qu'ils soient pleins de bonne foi, je le veux bien ! les uns et les autres, je le veux bien ! mais plus leur bonne foi sera grande , plus leurs convictions seront fortes, plus le mal sera grand. Ce sont les grandes passions et les grandes convictions qui ont fait 93, c'est-à-dire Terreur et Vendée. Du reste, le raisonnement des deux partis est le même : il faut passer par le mal pour arriver au bien. Le mal, c'est le bouleversement ! — Le bien, pour les uns, c'est un nom et un chiffre, ce qui fait Henri V, probablement ! — pour les autres , c'est une convention comme celle que dirigeait Robespierre. Or, ni les uns ni les autres ne veulent de Cavaignac : raison majeure pour le prendre.

Autre raison : — c'est l'adjonction de Dufaure et Vivien , deux hommes de talent et de probité. Déjà les journaux extrêmes les salissent, c'est l'usage : Bazile est de tous les temps. En votant pour Cavaignac, on vote pour Dufaure et Vivien, pour l'homme qu'ils ont accepté et qu'ils patronent. La France connaît ces deux ministres de longue date ; elle sait ce qu'ils valent, ces deux républicains de raison , c'est-à-dire du lendemain , qui ont précisément ce qui manque aux républicains de la veille : du bon sens. Dufaure et Vivien veulent sincèrement *le régime démocratique et le progrès sous cette forme.* Cavaignac, adopté par eux, doit les vouloir de même.

Laissons les partis extrêmes expirer dans l'agonie de leurs propres convulsions intérieures et tomber sous le mépris des honnêtes gens. Pénétrons-nous de la gravité de l'acte politique du 10 décembre prochain , et , qand il en est temps encore., ne remettons nos destinées qu'à l'homme qui a maintenu depuis six mois le repos en France. — Ailleurs, c'est l'abîme creusé par de coupables espérances ! Hommes de 89, ne recommençons pas la faute de nos pères.

Les Électeurs de M. Louis Bonaparte.

II.

Il ne faut pas toujours suivre le précepte de Boileau, et appeler un *chat un chat ;* il faut savoir garder des ménagements et respecter d'honorables susceptibilités. Aussi nous dirons, gazant l'expression, qu'il entre dans le vote napoléonien (pardon, grand homme ! de l'épithète) deux éléments , — l'élément de l'enthousiasme et l'élément du calcul.

L'élément de l'enthousiasme, c'est le prestige du nom. Là-dessus, nous avons dit notre pensée ; nous n'y ajouterons rien. Seulement, nous dirons que les enthousiastes du nom sont les aveugles de la chose : race nombreuse, appelée aux affaires par le suffrage universel, et que les habiles entendent exploiter. C'est là, à côté de grands bienfaits, l'infirmité naturelle du suffrage de tous, quand l'heure de son arrivée ne coïncide pas avec une diffusion complète des lumières. Chaque parti s'en plaint et n'ose pourtant l'avouer. Les uns se plaignent de l'influence sacerdotale, et prétendent que les électeurs des campagnes sont, comme des troupeaux, conduits par leurs pasteurs : ce sont les démocrates des villes qui se lamentent de la sorte. Ont-ils tort? Nous ne jugeons pas, nous racontons. D'autre part, les gens d'ordre et de conservation se plaignent de l'influence abusive de certains journalistes, de quelques conspirateurs, de théoriciens extravagants, sur les populations égarées des villes. Ont-ils tort ? Même réponse. Toujours est-il qu'il y a une masse flottante, qui, ignorante par elle-même, subitement convoquée à l'exercice de droits qu'elle ne comprend pas , surprise et hésitante, appartient encore à l'erreur. Toute la question est de savoir la prendre et l'appâter ; c'est le désir et le rôle des habiles : ce qui nous conduit à parler du second élément de l'engouement bonapartiste , l'élément du calcul.

Les calculateurs ont parfaitement senti et compris l'*incurable* popularité du nom de famille de M. Louis.

Ces calculateurs, quels sont-ils ?

Disons-le hardiment, ce sont ceux qui ne veulent pas du régime républicain , et qui repoussent la forme gouvernementale que crée la constitution nouvelle ; ce sont les rêveurs monarchistes. Oui, rêveurs ! car ils oublient que la royauté a péri sous toutes les formes et sous tous les principes : sous Louis XVI, par le droit divin ; sous l'empire, par la gloire ; sous Louis XVIII, par l'intervention étrangère ; sous Louis-Philippe, par l'habileté. Essayez-en donc encore, quand tous les jours l'Europe se reveille au bruit des monarchies qui s'écroulent !

Ces ennemis de la forme républicaine se subdivisent à l'infini. Il y a les anciens légitimistes, ceux qui croient à la monarchie du droit divin ;— il y a les adhérents personnels de la branche aînée, ce sont les fidèles serviteurs ; — il y a les nouveaux légitimistes, ceux qui croient que le principe héréditaire dans le pouvoir exécutif est une garantie essentielle et intégrante de l'ordre, si bien que là ou ce principe n'est pas admis, reconnu, pratiqué, il doit y avoir anarchie ; — il y a les orléanistes, qui pour la régence, qui pour Joinville, qui pour d'Aumale ; — enfin, il y a les impérialistes, ceux qui voient dans M. Louis l'héritier du roi de Rome, et qui comptent sur le *senatus-consulte* de 1804. Vous le voyez, la série est nombreuse ; mais l'harmonie n'y règne pas.

Eh bien ! toutes ces minorités s'entendent sur un point, à savoir : — que, pour détruire la République, il faut prendre M. Louis pour président, dans l'espérance que le nouveau consul imitera l'ancien et étranglera sa mère. Voilà le but présent et le moyen accepté. Après la victoire, on se déchirera, c'est de droit : voyez la *Réforme* et le *National !* Mais, provisoirement, on s'unit, on s'entend ; on met en commun tout ce qu'il y a de plus mauvais dans le cœur humain : les soupçons, les haines, les vengeances, les hostilités cachées, les divisions intérieures, et surtout les calomnies ; en un mot, on compose un vrai trésor de guerre, et on entre en campagne aux cris de *vive Bonaparte !*

Tristes, tristes alliances ! lamentables complicités ! car, en comptant sur leur victoire, on aperçoit derrière elles tout le sanglant cortége des discordes civiles. Le combat fini, chacun reprendra son idée chérie, son thème adopté ; chaque parti arborera son drapeau : nous savons qu'il n'est pas le même. Où allons-nous ?

Voilà l'issue, issue fatale. Dirons-nous — issue espérée ? Non ! parce que nous aimons à croire à la bonne foi ; il nous sied mieux d'attribuer de semblables tactiques à l'aveuglement qu'à la trahison. Mais, nous le répétons, voilà l'issue : c'est l'inévitable discorde civile entre les différentes fractions qui composeraient, au jour de l'élection, un semblant de majorité. Ce qui couvrira le nom de M. Louis, s'il sort de l'urne, ce ne sera pas une majorité confiante ;

ce sera la réunion des minorités , moins la minorité socialiste ; ce sera le mensonge d'une majorité.

Du reste , il faut le dire , ce mélange, qui fait actuellement le parti napoléonien , a bien vu , bien deviné ; il a bien choisi : il est évident que la présidence de M. Louis tuera la République. De ce , les raisons abondent.

Mettons de côté de sinistres prévisions. Nous supposons que la guerre civile n'éclatera pas dans les premiers mois de la présidence ; ce qui est à redouter.

Eh bien ! dans ce cas, ne reste-t-il pas les raisons tirées du personnage et de son entourage?

Croit-on que ce soit une bonne inauguration présidentielle que celle qui est l'élévation sur le pavois, d'un homme incapable et taré? Quelle administration attendre d'un tel président, et quelle diplomatie? Faibles à l'intérieur, nous serions ridicules au dehors, et les nations étrangères prendraient aisément leur revanche de l'admiration que le vrai Napoléon savait leur imposer.

Creusons plus avant. M. Louis est un ambitieux vulgaire ; il a la vanité du pouvoir : jugez par Strasbourg et Boulogne ! Croyez-vous qu'après ses quatre ans de présidence, il consente à devenir simple citoyen, lui qui s'est jeté avec ardeur sur la candidature présidentielle, et qui n'a reculé devant aucun moyen, pas même devant les éloges de M. de Girardin ? lui ! qui a eu l'impardonnable faiblesse d'accepter, comme troupes auxiliaires , les calomnies et les diffamations de *la Presse?* lui ! qui a oublié que, dans le champ-clos des élections françaises comme jadis dans les tournois, on ne doit combattre qu'avec des armes loyales ? Non, ce ne serait pas connaître le cœur humain. Un autre Washington, s'exilant volontairement après la guerre de l'indépendance et retournant à ses plantations pour attendre le vœu unanime des nouveaux Etats-Unis, c'est là, un exemple que les grandes âmes seules savent donner au monde. M. Louis n'annonce pas un Washington , hélas !

Or, la constitution prohibe la réélection du président. Changera-t-on la constitution et reviendrons-nous au consulat, pour de là passer à l'empire ? Evidemment on le tentera ; on va le tenter, et les quelques mois de la présidence ne seront qu'une vaste préparation à un coup de main : c'est ce que veulent les calculateurs. Ils savent qu'au bout il y a une culbute.

Nous ne disons rien de l'entourage , famille , amis , courtisans , fonctionnaires, vieux soldats ; on comprend sans dire : quelle curée!

Donc , le choix est bon au point de vue de l'élément du calcul : qui est de mettre la République entre des mains qui ne sauront pas la guider et qui la laisseront cheoir. On infuse du poison dans les veines de notre jeune constitution.

Ah! qu'on nous permette de le dire : ce n'est pas là ce qu'on avait promis !

Quand, au 24 février, la République fût proclamée par Paris et acceptée par les provinces, que disait-on, que disaient les vieux partis, que disaient les ennemis de bonne foi du régime démocratique? —On disait :— « Essayons la République. Si ce gouvernement » convient au pays, qu'il demeure. Assez de révolutions et de contre-» révolutions ! Ajournons nos défiances et nos projets; laissons vivre » le régime nouveau-né ! s'il donne le bonheur, pourquoi ne devien-» drait-il pas la forme définitive de la gestion politique. » — Voilà ce qu'on disait: ces paroles tintent encore à nos oreilles. Le clergé seul s'est rappelé sa promesse. Honneur à lui ! en se séparant des vieilleries politiques, le sacerdoce français a conquis la grande situation du moment.

Or, nous le demandons à un autre camp et à d'autres alliés maintenant fugitifs, est-ce un essai loyal que de choisir le prince Louis pour chef de la république ? est-ce là l'expérimentation franche, sincère, noblement faite, que la France était en droit d'attendre? Hélas ! non. Elire le prince Louis, c'est créer à la république un piége dans lequel on espère la voir se debattre et mourir; c'est semer sous ses pas des abîmes où elle doit disparaître : est-ce là l'expérience promise? La noblesse bretonne entendra cet appel, nous n'en doutons pas.

Et voyez les conséquences! je veux bien, électeurs napoléoniens, que la réussite soit pour vous. Entendez-vous ce que vous criera le parti républicain ? il vous dira que l'épreuve est à refaire ; que, n'ayant pas été franche, elle n'est pas décisive ; qu'il y a lieu de recommencer les tentatives révolutionnaires. Vous n'aurez pas à lui répondre en invoquant la sincérité des faits.

Voici où conduit l'élection de M. Louis Bonaparte :

Une union menteuse du parti modéré ;

Derrière, une nouvelle division, — des discordes inévitables ;

Et, à l'écart, les rancunes faciles à comprendre du parti républicain, — et le développement souterrain du parti communiste.

Avisez, gens de bons sens !

Les Partis extrêmes.

III.

Avant que d'aborder la justification de la candidature par nous adoptée, nous croyons devoir ramener l'attention publique sur une situation véritablement étrange, et qui préoccupe les esprits loyaux.

Qui donc a dit : *In medio stat virtus?* Assurément, c'était un sage. Le proverbe, il est vrai, a prêté matière à la plaisanterie : de la vertu des milieux, on a fait le juste-milieu. Qu'importe? une parodie n'a jamais tué une vérité.

Or, du milieu raisonné dans lequel se placent les hommes sincères, on aperçoit, à droite et à gauche, deux partis divergents, deux extrêmes.

Il y a l'extrême rouge, l'extrême blanc. Depuis longtemps, les révolutions sont des questions de couleur : nous acceptons ce langage; s'il n'a pas toute la précision désirable, il a l'éclat qui attire et qui fixe l'attention ; c'est comme un drapeau déployé.

L'extrême rouge, c'est-à-dire la parti ultra-démocratique, ne veut déjà plus de Ledru-Rollin. L'homme de son choix, c'est Raspail : voilà qui est significatif.

L'idée avancée, ou qui se prétend telle, rejette l'ancien ministre de l'intérieur. Au fait, dans son court passage aux affaires, sauf d'inintelligentes circulaires empruntées à George Sand, qu'a fait Ledru-Rollin? Rien, disent les communistes; il n'apporterait pas une idée nouvelle à la présidence; il vivrait sur l'ancien fond révolutionnaire, rêvant de Cambon, de la planche aux assignats, de la réquisition forcée, au besoin du maximum, se débattant dans les vieilles traditions des hommes de 92 et de 93, n'ayant pas même l'avantage d'accepter leur doctrine de la non-intervention étrangère. — Du reste, dans l'esprit de certains, Ledru-Rollin n'est qu'une habile transition, une préface, une espèce d'avant-propos. Il y a chez lui trop de souvenirs bourgeois, trop d'habitudes du grand monde , trop du tribun jadis patricien, pour devenir jamais le fils adoptif des idées communistes. Thoré l'appelle déjà un traitre : cela promet.

Ce que veut le parti extrême , c'est la subite et brutale application de ces théories sauvages dans lesquelles , malgré les protestations , disparaitraient la famille et la propriété. A ces fins , Raspail est ce qu'il faut : homme haineux , plein de fiel pour les hommes et pour les institutions , hostile à tout sauf au paradoxe , prêt à à tout même au crime , poussant jusqu'au délire les conceptions de son cerveau , sorte de Marat ressuscité ; en un mot , merveilleux instrument de destruction. C'est là l'élu de Paris ; c'est là l'homme que les prétendues doctrines du progrès mettent en avant pour candidat à la présidence.

Or , quel moyen emploie actuellement le parti extrême rouge ? à quels expédients a-t-il recours ? quelles sont ses armes ?

Sa tactique consiste uniquement à suspecter l'assemblée nationale et à répudier ses actes.

Voyez les faits, plutôt !

Au mois d'avril , à l'issue des élections , on s'élève contre le résultat du suffrage universel ; on parle d'élections influencées. Cette menace est développée dans les clubs, que, si l'assemblée est antipathique aux promesses de février , on retournera aux barricades. Fatale promesse !

Au 15 mai, sous un prétexte menteur , sous le drapeau d'une manifestation polonaise , on viole l'assemblée , on la dissout , et un nouveau gouvernement est proclamé.

Plus tard , en juin , on se révolte contre un décret de l'assemblée nationale et contre son exécution. Le plan d'attaque a pour but final l'assemblée : la misère sert de prétexte. Supposez l'insurrection victorieuse, et dites-moi ce que seraient devenus les détenus de Vincennes, et , par contre, ce que serait devenue l'assemblée?... quel dix-huit brumaire !

Depuis la promulgation de la constitution, des agents parcourent les villes , — disons mieux , les clubs et les ateliers , — ayant pour mission d'amoindrir l'œuvre de la constitution ; de calomnier certaines formules , de déplorer l'absence de certaines autres , de travestir les textes , en un mot de prêcher ouvertement la haine et le mépris de la loi fondamentale.

D'ailleurs, nul respect du nouveau contrat social ; on croit ou on feint de croire à son éphémérisme : il ne doit pas durer. Si on nomme un président , c'est dans l'espérance qu'il tuera la présidence. Proudhon l'a dit : Je prends Raspail, parce qu'il est impossible ; je prends le fameux chimiste, parce qu'il est en même temps un désorganisateur social.

Donc, l'Assemblée est attaquée dans sa composition, dans ses tendances, dans ses actes, dans son existence ; et pourtant, elle est la fille du suffrage universel ! Après cette ancre là, je ne sais plus rien qui nous retienne sur l'océan des révolutions : il nous restera ce gouffre toujours béant, où nos pères ont jeté, comme pour le combler, leurs idées, leur fortune, leurs têtes, et où ils auraient jeté la France, si la main de la gloire ne nous avait retenus sur la pente du précipice.

A l'autre, maintenant ! au *parti extrême blanc*.

Lui, il ne veut pas du nouveau ; c'est du vieux qu'il réclame. Adorateur des formes gothiques, amant passionné des anciens usages, ne sachant de l'histoire que ce que lui en a appris l'abbé de Genoudè, ce parti extrême (qui, Dieu merci ! n'est pas le vrai parti légitimiste) rêve des états-généraux, des assemblées provinciales, des parlements, enfin de toute la vieille France du droit divin, en y comptant, sans doute, les lettres de cachet et les embastillements. Dans ce camp des vieux jours, la révolution de 89 est toujours un crime ; la France est toujours le patrimoine de la branche aînée.

Pour rattraper ces fantômes, pour ressaisir ces formules politiques tombées en ruine, ces ultra-monarchistes sacrifieraient tout. Jadis, ils ont fait l'émigration, la Vendée ; plus récemment, 1815 ; plus récemment encore, le soulèvement de 1832 ; aujourd'hui, tendant au même but, ils emploient d'autres méthodes.

Chose étrange ! ces méthodes sont celles du parti contraire : elles consistent dans le mépris de l'Assemblée nationale et dans le dédain de ses œuvres.

L'Assemblée, dit-on, est une usurpatrice ; elle a outrepassé ses pouvoirs ; elle est coupable du crime de lèze-nation : donc, elle doit être dissoute. Quant à l'œuvre, on la bat en brèche ; elle contient une plus grande somme de mal que de bien, et la religion catholique manque à ses devoirs quand elle appelle les bénédictions du ciel sur ce nouveau pacte fondamental. En vérité, en vérité, ils n'ont rien appris, rien oublié.

Et, notez le bien ! d'une part, par ses doctrines, le parti rouge touche aux classes ouvrières des villes ; par les siennes, le parti blanc touche aux populations des campagnes. Partout, on sème le mépris des lois, et l'on s'étonne du communisme ! Etonnez-vous donc plutôt qu'à côté il n'y ait pas une nouvelle jacquerie !

Certes, il y a un grand danger dans cette situation : nous ne voulons pas l'exagérer ; mais nous voulons qu'on le comprenne.

Ce danger réside notamment dans le rendez-vous que se donnent les deux partis extrêmes, pour détruire tout principe d'autorité ; pour jeter la suspicion sur l'assemblée nationale ; pour verser la raillerie sur la nouvelle constitution ; pour engager les classes pauvres et laborieuses au mépris des résultats obtenus. On le voit bien, les jours de la peur sont passés ; on n'a plus besoin de se défendre : aussi, le cri de ralliement a disparu. Ce cri n'était-il pas *vive l'assemblée nationale !* c'était le cri de départ de nos volontaires !

Le Général Cavaignac.

IV.

Depuis notre dernier article, le terrain a été singulièrement déblayé : notre tâche est plus facile ; maintenant, on y voit clair.

Il nous suffira, en quelque sorte, d'indiquer les faits ; ils parlent assez haut.

D'abord, une scission attendue s'est déclarée. Nous voulons parler de la protestation du parti légitimiste contre les doctrines étranges et fatales de l'abbé de Genoude. Cela devait être : il y a trop de loyauté dans le grand et vrai parti légitimiste, pour croire qu'il pût sciemment tremper dans l'intrigue napoléonienne. Faire de son vote un mensonge et une trahison, c'est là une tactique qui peut convenir à quelques intrigants ; mais c'est une conspiration de bas lieu que la vieille noblesse de France devait répudier, et qu'elle a répudiée. Nous l'en félicitons à plus d'un point de vue ; nous n'attendions pas moins d'elle.

Cette scission n'aura pas sans doute pour résultat d'augmenter la force numérique des suffrages donnés au général Cavaignac ; mais elle paralysera grandement le succès du parodiste de l'empereur, de la contrefaçon du premier consul, de ce semblant d'hérédité qui se nomme M. Louis Bonaparte.

Sous ce premier point de vue , l'horizon s'est donc éclairci.

En second lieu , un événement plus grave est venu rattacher plus intimement à la démocratie le clergé français; nous voulons parler des affaires romaines , et de l'attitude prise par le gouvernement républicain.

Bien des liens , déjà , attachaient le clergé à notre jeune république.

La religion, depuis février, a été conviée à nos joies , à nos fêtes, à nos douleurs. Un saint prélat est mort aux cris de *vive la république !* Cette alliance demeurera impérissable ; elle est scellée du sang d'un martyr.

Les choix du général Cavaignac , dans l'ordre ecclésiastique , étaient venus donner une sanction à ce premier lien. Depuis juin , des désignations ont eu lieu pour les siéges épiscopaux. Tout le clergé a applaudi à l'excellence des choix. Sibour , Cœur et Jacquemet sont des garanties que le sacerdoce a parfaitement comprises et acceptées,

Aussi , nous avons vu les hommes les plus considérables du haut clergé français ne pas craindre, fait inouï ! de donner de solennelles adhésions à la candidature du général Cavaignac. Chacun connaît et apprécie, à Nantes, la noble et digne conduite de l'abbé Fournier, qui a eu le double avantage d'être calomnié par l'*Hermine* et par le *National de l'Ouest*. Touchant accord ! délicieuse harmonie !

Les événements de Rome ont ajouté de nouveaux et d'irrésistibles motifs à ces tendances déjà si prononcées. La conduite et le langage du chef du pouvoir exécutif ont été à la hauteur de la situation : le général a atteint le niveau français , et ce n'a pas été une vaine parole de tribune que cette allusion de M. Montalembert à l'épée de Charlemagne. Toutes les traditions françaises sont dans ce mot, sauf pour ceux qui ne datent que d'hier et qui oublient, les ignorants ! les plus belles gloires de notre pays. Le catholicisme n'oubliera pas que c'est la République qui a offert et donné l'hospitalité au successeur du premier des apôtres.

Ajoutez, ajoutez à tout ce qui précède, les pentes secrètes qui entraînent le clergé vers la démocratie , vous comprendrez pourquoi il y a là un fait nouveau , considérable, et qui doit contribuer à la fondation républicaine par l'élection de Cavaignac.

Le troisième fait, dont il nous reste à parler, est le vote sur l'ordre du jour, présenté par un homme que déjà les journaux ultraradicaux cherchent à flétrir (constante habitude !), par Dupont (de l'Eure). Il s'est trouvé qu'un soldat sans reproche était aussi sans peur ; il a voulu combattre face à face, au plein jour de la publicité, ces lâches calomnies , ourdies par la *Presse* , et indignement acceptées par d'autres journaux. C'était un duel à mort. Les ennemis du général ont tressailli d'aise en songeant à l'issue possible du débat. Le débat a eu lieu, et, on peut le dire, tout ce qu'il y a d'honnête en France a battu des mains en connaissant le résultat ; car tous les doutes qui s'étaient faits autour du candidat républicain tombaient immédiatement.

Ils tombèrent si bien , ces doutes, qu'il serait superflu de s'arrêter maintenant à certaines réfutations rendues trop faciles : l'assemblée nationale en a fait justice.

On peut , devant cette grande démonstration , négliger les raisons-secondaires ; on doit même les mettre de côté. Pourtant , disons que , dans toutes les députations, les meilleurs et les moins soupçonnés arborent hautement leur choix : c'est Cavaignac. Tous les hommes qui appartiènnent au mouvement libéral de 89 adoptent ce candidat, et, même à côté d'eux, les hommes les plus considérables du parti légitimiste. Il n'est pas possible de croire à un aveuglement ou à une coterie : les noms seuls sont une protestation ; on les connaît.

Cavaignac est le seul candidat raisonnable.

Son passé militaire, sa conduite en juin , son désir de marcher avec l'assemblée , ses choix de Vivien et de Dufaure, la netteté de son langage au vis-à-vis de cette petite montagne qui parodie la convention et qui joue à la Danton , sa rupture avec Ledru-Rollin , les répulsions identiques qu'il inspire aux anarchistes de toutes les nuances , les calomnies qu'il a bravement affrontées , son talent de tribune si soudainement révélé , la précision et l'énergie de sa conduite dans les événements de Rome, — voilà les titres de Cavaignac, voilà les garanties qu'il offre à la France.

Après cela, il peut succomber. Il y a un plus grand inconnu que M. Louis, c'est l'inconnu du suffrage universel. Nous nous inclinerons devant lui, mais ce sera après avoir dit notre pensée et formulé notre avis. Le pays aura été averti, et, s'il se perd, lui seul en sera responsable.

La Situation.

V.

Nous devous terminer cette série d'articles par l'exposé du motif supérieur qui doit engager le parti modéré, qui hésite encore, à concentrer ses votes sur le général Cavaignac.

En votant contre le général Cavaignac, plusieurs bons esprits disent que leur vote est une protestation contre la république inaugurée le 24 février.

Il y a là une déplorable erreur, dont les conséquences seraient plus déplorables encore.

Expliquons-nous.

Que s'est-il fait au 24 février ?

Une forme politique a été substituée à une forme politique. C'est un petit jeu qui coûte cher, mais que la France aime assez à tenir. Depuis un demi-siècle, nous nous sommes souvent donné cette satisfaction; nous avons bâti constitutions sur constitutions, ce qui n'empêche pas les questions du fond de demeurer les mêmes.

Nous avons donc la forme républicaine.

Or, il s'agit de savoir s'il est utile de protester contre elle.

Une protestation, qui affaiblit nécessairement, est un commencement de destruction. Une protestation ne stabilise pas, elle ébranle.

Eh bien ! c'est là qu'est l'erreur, et nous posons ces deux questions :

1° La forme anti-républicaine est-elle desirable ?

2° N'est-il pas plus rationnel de consolider la forme démocratique et de lui demander tout ce qu'elle peut donner ?

Sur la première question, nous nous étonnons qu'il y ait encore des rêveurs monarchistes. Une monarchie, grand Dieu ! et quelle est donc celle qui pourrait vivre en France ?

Ouvrez donc l'histoire, adorateurs aveugles du passé ! qu'y verrez-vous ?

Toutes les royautés, depuis 60 ans, ont successivement succombé, dans les personnes de Louis XVI, de Napoléon, de Charles X et de Louis-Philippe. Chacun de ces noms représentait une force, un principe, une idée; — force, principe, idée, tout a croulé: le droit divin avec Louis XVI, la gloire conquérante avec l'empereur, l'invasion étrangère avec Charles X, les pondérations constitutionnelles et parlementaires avec l'exilé de Clarendon. Le torrent démocratique a tout emporté : quelle couronne voulez-vous encore confier à son cours orageux? N'y a-t-il pas assez de débris, de malheurs et d'expérience comme cela? — songez-y, rêveurs !

Si l'histoire n'était pas là, témoin désintéressé de toutes ces catastrophes, je vous dirais de jeter les yeux sur les choses contemporaines. Là, aussi, il y a un grand enseignement : les trônes croulent de toutes parts ; quand ils ne croulent pas, ils chancellent, et, au moment où ces lignes s'impriment, cette autre royauté fondée par Charlemagne, plus vieille que les autres, plus sainte, plus vénérée, plus forte par l'entourage des sentiments, la papauté, elle vient, elle aussi, de céder au torrent.

Voulez-vous d'autres enseignements? ils ne manqueront pas. Ouvrez nos grands écrivains, y compris le captif d'Hudson-Lowe : ils vous diront tous, Châteaubriand avec Lamennais, lord Byron avec Benjamin Constant, le général Foy avec le martyr de la branche régnante d'Angleterre, que la démocratie est l'avenir des sociétés européennes.

Puis, en vérité, quel nom jeter en avant? Où sont écrits les droits des prétendants? est-ce dans la légitimité? est-ce dans l'hérédité de la gloire? est-ce dans les traditions des derniers règnes? Il y a trois sources : la branche aînée, la dynastie corse, l'hôte de Robert Peel. Où prendre?

Il n'est pas besoin d'insister : il n'est pas sage de songer à des restaurations monarchiques; on ne ressuscitera pas un nouveau 1815, ou un second 1830, encore moins l'ancien régime.

Cela posé, que reste-t-il? La forme républicaine.

Elle est, parce qu'elle est. Cette forme, chèrement payée, n'est pas, de soi, illogique, irrationnelle, absurde ; elle peut mener au bien : c'est un instrument politique qui peut rendre de bons services, si on s'en sert bien. Quel avantage il y a-t-il à recommencer ces culbutes politiques, pour cette éternelle question de la forme?

Faisons mieux : tenons-nous à ce que nous avons ; essayons la République, et tachons de lui faire rendre tout ce qu'elle est susceptible de produire. Et vraiment ! jugez donc par les faits !

Les royautés expérimentées ont disparu. La République, elle

n'a jamais subi les leçons de l'expérience : nous avons eu le gouvernement révolutionnaire ; la République, jamais.

Protester contre la République, c'est protester contre un régime
inconnu ; qui n'a pas été expérimenté ; par contre, c'est protester en
faveur du régime monarchique, hélas ! trop éprouvé.

Laissons-là nos stériles discussions sur les formes des gouverne-
ments. Leur changement, nous le savons, ne change rien : les maux
restent, non-seulement les mêmes, mais plus intenses, plus considérables.

Ayons cette raison d'adopter ce qui existe, ou du moins d'en
essayer franchement.

Voilà notre point de départ, c'est là le principe qui nous a guidé
Or, il est bien évident qu'en pesant ainsi la question, on arrive in-
dubitablement à ce résultat, le seul logique :

Cavaignac.

Cavaignac est la seule formule de la consolidation républicaine.

www.ingramcontent.com/pod-product-compliance
Lightning Source LLC
LaVergne TN
LVHW051138060726
842526LV00006B/2112